Elfie Donnelly
Willy, Tierarzt für Kinder

Bilder von
Erhard Dietl

Verlag Friedrich Oetinger · Hamburg

© Verlag Friedrich Oetinger, Hamburg 2002
Alle Rechte vorbehalten
Erstmals erschienen 1983 mit Schwarzweißillustrationen
im Verlag Friedrich Oetinger, Hamburg
Einbandgestaltung: Manfred Limmroth
Titelbild und farbige Illustrationen: Erhard Dietl
Reproduktion: Domino GmbH, Lübeck
Druck und Bindung: Mohn Media · Mohndruck GmbH, Gütersloh
Printed in Germany 2002

ISBN 3-7891-0561-9

In der Jänickestraße wohnt eine
Kinderärztin. Sie ist eine sehr nette
Kinderärztin. Sie hat blonde Haare und
ihre Nase ist ein bisschen schief.
Wirklich nur ein bisschen. Es soll Kinder
geben, die nicht gern zum Arzt gehen.
Zu Frau Doktor Klöbner gehen alle
Kinder gern. Im Wartezimmer gibt es
eine große Tafel und bunte Kreiden zum
Malen. Bilderbücher für die Kleinen und
Lesebücher für die Großen gibt es auch.
Und Willi gibt es.

Frau Doktor Elvira Klöbner lebt ganz
allein in einer viel zu großen Wohnung.
Sie hat sechs Zimmer. Im ersten Zimmer
ist das Wartezimmer. Im zweiten Zimmer
ist das Sprechzimmer. Im dritten Zimmer
ist das Behandlungszimmer. Im vierten,
fünften und sechsten Zimmer tut sich gar
nichts.
Nein, das stimmt nicht.
Da wohnt Willi.
Willi ist ungefähr so hoch wie ein
Couchtisch. Er ist ungefähr so schwarz
wie eine Sonnenfinsternis. Er ist ungefähr
so lang wie zwei Schulranzen
nebeneinander gestellt. Willi ist Frau
Doktor Elvira Klöbners Hund.
Wenn Frau Doktor Elvira Klöbner zu
Hause ist, ist Willi ein ganz normaler
Hund. Er tut alles, was er nicht darf: Er
legt sich aufs Sofa. Er schlürft Suppe

aus dem Suppentopf. Er bellt während der Mittagspause. Oder um Mitternacht. Er jagt die Nachbarskatze. Einmal hat er sogar auf den Teppich gepinkelt.
Manchmal sitzt Willi vor dem Spiegel im Flur und übt Gesichter. Er hat viele verschiedene Gesichter. Sein bestes ist das Keiner-geht-mit-mir-spazieren-Gesicht.

Er zieht dann die Stirn in Falten. Er hebt eine Augenbraue. Er lässt die Zunge aus dem Mundwinkel baumeln. Er wedelt herzzerreißend mit dem Schwanz.

Meistens hat Willi Erfolg. Obwohl sie todmüde ist, geht Frau Doktor Elvira Klöbner mit Willi in den Park.
Natürlich nur, wenn sie die Hundeleine findet. Die Hundeleine ist meistens weg. Frau Doktor Klöbner sucht alle sechs Zimmer nach der Leine ab. Manchmal

findet sie die Hundeleine im Kartoffelkorb.
Manchmal ist die Hundeleine aber auch
hinter der Klobrille. Oder am Haken
neben der Waschmaschine. Selten nur
ist die Hundeleine dort, wo sie hingehört:
an der Garderobe im Flur.
Willi frisst jeden Tag zwei große Dosen
Hundefutter. Viel zu viel für einen
couchtischhohen Hund. Er hasst
Dosenfutter. Frau Doktor Klöbner hat
leider keine Zeit, ihm Frischfutter zu
kochen. Es gibt zu viele
Kinderkrankheiten, die sie behandeln
muss. Frau Doktor Klöbner ist eine sehr
beschäftigte Frau. Willi ist ein sehr
beschäftigter Hund.
Davon weiß Frau Doktor Klöbner
allerdings noch nichts. Denn im
Augenblick liegt sie im Bett und fühlt
sich miserabel.

Und das kam so: Am Tag zuvor war Frau Doktor Klöbner bei ihrer Nichte Luise zum Kindergeburtstag eingeladen. Sie konnte erst um sechs Uhr abends hingehen. Gott sei Dank hatte ihre Schwester – Luises Mutter – noch vier Stück Kuchen aufgehoben. Weil Frau Doktor Klöbner vor lauter Arbeit den ganzen Tag lang nichts gegessen hatte, stopfte sie die vier Kuchenstücke hintereinander in ihren Mund. Es schmeckte ihr ausgezeichnet. Die Kuchenstücke waren mit Sahne verziert und mit Schokoladencreme gefüllt. Frau Doktor Klöbner liebt Schokoladencreme. Und für Sahne könnte sie sich glatt wegschmeißen.
Am nächsten Morgen legt Willi seine schwarze Hundeschnauze auf das weiße Laken von Frau Doktor Klöbners Bett.

„Oooch", stöhnt Frau Doktor Klöbner und
dreht sich auf die andere Seite.
Willi stupst sie.
„Nei-ein!", ruft Frau Doktor Klöbner,
richtet sich steil im Bett auf und sagt:
„Mir ist doch so schlecht!"
Willi setzt sich auf die Hinterbeine und
schüttelt den Kopf.
Es ist etwas völlig Neues, dass Elvira
sich weigert aufzustehen.

Vom Kuchen weiß Willi ja nichts.
„Ich kann heute nicht aufstehen", sagt die kuchenkranke Kinderärztin entschieden. Sie dreht sich noch ein paarmal im Bett hin und her. „Nein, es geht nicht", sagt sie dann noch einmal.
Willi versucht es erneut mit Stupsen.
Bestimmt ist alles nur ein Scherz.
Ächzend wälzt sich Frau Doktor Klöbner aus dem Bett. Sie holt aber nur das Telefon heran und telefoniert mit Karl-Heinz. Karl-Heinz ist ihr Freund. Außerdem ist er Krankenhausarzt und hat heute seinen freien Tag.
Als sie fertig ist mit Telefonieren, legt Frau Doktor Klöbner den Hörer auf. Sie lächelt Willi kurz an, tätschelt ihn zweimal und fällt in ihr Bett zurück.
„Er kommt um neun", sagt sie noch.
Dann beginnt sie leise zu schnarchen.

Willi hält Krankenwache.
Um neun Uhr dreht sich ein Schlüssel
im Schloss. Es ist Karl-Heinz. Willi wedelt
kurz mit seinem Schwanz. Karl-Heinz
streichelt ihm über den Kopf.
„Sie schläft noch", flüstert Willi.
„Lass sie", sagt Karl-Heinz.
„Bist du nervös?", fragt Willi, weil
Karl-Heinz sich unruhig umsieht.

Karl-Heinz nickt. „Ich hätte noch so viel anderes zu tun", sagt er. „Nur weil Elvira sich überfressen hat, soll *ich* sie vertreten."
Willi kichert. Karl-Heinz wundert sich. Er hat noch nie einen Hund kichern hören. „Wenn du möchtest, mache ich die Praxis", sagt Willi.

„Du?", fragt Karl-Heinz, legt seinen Finger an den Mund und sieht Willi erstaunt an. „Ich bin Arzthund seit vier Jahren!", sagt Willi. „Und ich weiß, wie Elvira Kinder impft."
„Tatsächlich?", ruft Karl-Heinz erfreut. „Wenn du wirklich möchtest, dann mach's nur! Ich muss nämlich um halb zehn meine Rollschuhe aus der Reinigung holen."
„Na, siehst du!", sagt Willi.
Karl-Heinz hilft ihm noch, ein Schild zu schreiben. Auf dem Schild steht:
    Dr. Wilhelm Klöbner
    Tierarzt für Kinder
    Sprechstunde jetzt
„Kinder sind doch keine Tiere", sagt Karl-Heinz vorwurfsvoll.
„Aber *ich* bin ein Tier", sagt Willi. „Das Schild ist schon richtig."

Karl-Heinz fährt winkend auf seinem silbernen Motorrad davon.
Willi sieht Karl-Heinz noch ein bisschen nach. Dann läuft er in Zimmer Nummer vier. Dort steht die alte Standuhr.
Im Uhrzeitablesen ist Willi nicht besonders gut.
„Der Zeiger zeigt direkt nach unten. Der große dünne Zeiger. Das heißt halb. Der dicke Zeiger steht – äh …"
Willi klappt das Maul zu und verdreht die Augen. Das macht er immer, wenn er scharf nachdenken muss.
„Der dicke Zeiger", sagt er schließlich, „der dicke Zeiger steht zwischen … Na, da oben eben. Es ist entweder halb zehn oder halb elf. Oder so ähnlich."
Willi entscheidet sich für halb zehn. Das stimmt auch. Denn um neun Uhr war Karl-Heinz da.

Um halb zehn schließt Frau Doktor
Klöbner sonst immer die Praxistür auf.
Willi läuft zurück ins Zimmer Nummer
zwei. Zwei große Schränke stehen da.
In dem einen liegen viele weiße Arztkittel.
Mit der rechten Vorderpfote holt Willi
einen Kittel heraus und zieht ihn sich
über den Kopf.
Von draußen sind Stimmen zu hören.
Helle Stimmen und dunkle Stimmen. Die

hellen Stimmen sind laut. Die dunklen Stimmen sind leise. Die hellen Stimmen sind die Stimmen von Kindern. Die dunklen Stimmen gehören Erwachsenen. Willi ist ziemlich aufgeregt. Er prüft sich kurz im Spiegel. Dann räuspert er sich. Der weiße Kittel steht ihm sehr gut zu seinem schwarzen Fell.
Mit raschen Schritten geht Willi hinaus ins Wartezimmer. Er öffnet die Eingangstür und wird beinah von den Patienten umgerannt. Ein dickes Mädchen steigt ihm auf die Vorderpfoten. Willi jault auf.
„Pass doch auf, wo du hintrittst!", schreit eine dicke Frau das dicke Mädchen an.
„Na, na!", sagt Willi. Er schüttelt den Kopf. Solche Töne hört er nicht gern. Willi ist ein sehr friedliebender Hund.
„Sind Sie die neue Sprechstundenhilfe?",

fragt die dicke Frau. Sie mustert Willi
von oben bis unten.
„Ich bin Doktor Wilhelm Klöbner", sagt
Willi gemessen.
Es wird still im Wartezimmer. Alle Plätze
sind jetzt besetzt. Viele Augenpaare
starren den schwarzen Hund im weißen
Arztkittel an. Willi lehnt sich lässig gegen
die Tür. Die Tür öffnet sich und Willi fällt
nach hinten. Alle lachen.
„Sie sind komisch!", ruft eine alte Frau,
die einen kleinen Jungen auf dem Schoß
hält. „Sind Sie hier Vertretung?"

„Ja!", sagt Willi. Er ist sehr aufgeregt. Er darf nichts falsch machen. Er denkt scharf nach.

„Haben Sie einen Krankenschein?", fragt er ins Wartezimmer hinein.

„Ja!", rufen alle Leute.

„Nein!", ruft die dicke Frau und schlägt sich an die Stirn. „Den hab ich doch glatt vergessen."

„Sind Sie arm oder reich?", fragt Willi streng.

„Arm, sehr arm", sagt die dicke Frau schnell.
„Gut", sagt Willi. „Treten Sie bitte ein."
Mühsam steht die dicke Frau auf. Sie ist wirklich *sehr* dick.
„Komm gefälligst, Ermentraud!", schreit sie das dicke Mädchen an. Das dicke Mädchen sieht sehr gleichgültig aus. Sie ist es gewohnt, angeschrien zu werden. Willi schließt die Sprechzimmertür hinter

dem dicken Mädchen, der dicken Frau und sich selbst. Die Tür ist gut gepolstert. Damit man die geimpften Kinder nicht weinen hört. Denn manche Menschen, große oder kleine, bekommen dann solche Angst, dass sie sofort wieder nach Hause gehen. Obwohl sie krank sind!

Die dicke Frau und das dicke Kind
setzen sich vor den großen Schreibtisch.
Willi setzt sich in den Drehstuhl *hinter*
dem Schreibtisch. Der Drehstuhl heißt
Drehstuhl, weil er ein Stuhl ist, der sich
dreht. Willi wird es ganz schwindlig.
Endlich steht der Stuhl still.
Das dicke Mädchen kichert.
„Sei still!", schreit die dicke Frau.
Das dicke Mädchen ist sofort ruhig.
Willi denkt nach, was er jetzt sagen
muss. Frau Doktor Klöbner sagt
manchmal nur „Hallo" zu den Kindern.
Oder: „Wo tut es dir denn weh?"
„Wo tut es dir denn weh?", fragt er die
dicke Frau.
Die dicke Frau wird rot. „Nein, dass Sie
mich gleich duzen, Herr Doktor! Das ist
ja schön! Ich heiße Erika!"
„Ich heiße Willi", sagt Willi erfreut.

„Aber mir tut nichts weh", sagt die dicke Erika. „Es handelt sich um Ermentraud. Da!"

Die dicke Erika stupst ihrer dicken Tochter Ermentraud einen Zeigefinger in die Nabelgegend. Ermentraud schreit „Au" und zieht einen Riesenlolli aus dem Ärmel. Der Lolli ist voller Wollfusseln. „Sehen Sie doch selbst, Herr Doktor Willi, wie dick meine Tochter ist!", schreit die dicke Frau.

„Warum schreist du denn so, Erika?", will Willi wissen.

„Ich schreie nicht!", schreit die dicke Frau. „Ich spreche immer so."

„Ach so!", sagt Willi. Er zieht aus dem Wattebehälter zwei große Wattebäusche. Die stopft er sich in die Ohren. Einen links und einen rechts. Das sieht komisch aus. Vor Staunen vergisst die kleine dicke

Ermentraud am Lolli zu lutschen. Sie schiebt ihn zurück in den Pulloverärmel.
„Warum ist sie denn so dick, Herr Doktor?", schreit die dicke Erika.
„Ich muss das Kind erst einmal untersuchen", sagt Willi. Wie gut, dass er so oft unterm Schreibtisch zusammengerollt gedöst hat. Dabei hat er doch viel davon mitbekommen, wie man Arzt ist.
„Darf ich dich impfen?", fragt er das dicke Mädchen.

„Nein!", sagt das dicke Mädchen.
„Möchtest du meinen Lolli?"
„Nein!", sagt Willi. Er sucht den ganzen Raum nach dem Stethoskop ab. Das ist zum Herztöneabhören. Das Stethoskop hat drei Teile. Zwei davon steckt der Arzt sich in die Ohren. Und der dritte Teil, der wie eine Trompete aussieht, wird auf die Patientenbrust gedrückt.
„Zieh dich endlich aus!", schreit die dicke Frau ihre Tochter an. Ermentraud zieht schwerfällig den Pullover über den Kopf.

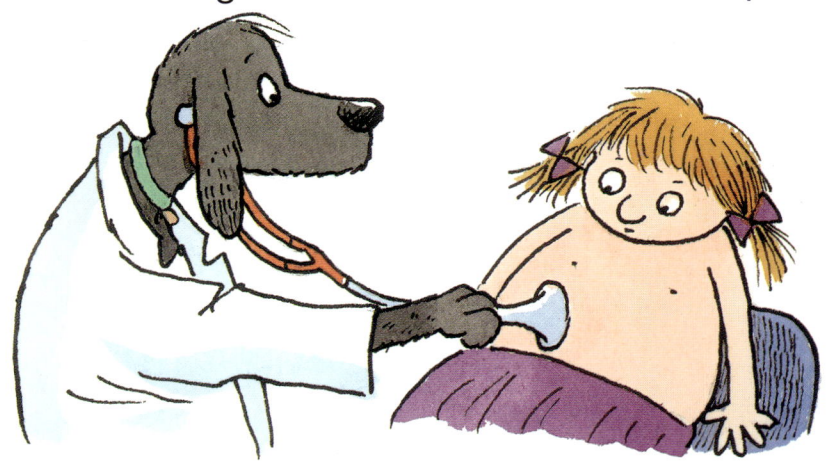

An der Pulloverärmelinnenseite baumelt der Lolli.

„Du hast einen Lolli auf der Pulloverärmelinnenseite", sagt Willi.

„Ich habe *immer* meinen Lolli an der Pulloverärmelinnenseite", sagt die dicke Ermentraud. „Manchmal habe ich den Lolli aber auch an der Cordhosenbeininnenseite."

„Cordhosenbeininnenseite?", fragt Willi begeistert. Lange Wörter findet er toll.

„Ich habe schon Lollis an der roten Strumpfhosenfersenaußenseite gefunden!", schreit Ermentrauds dicke Mutter Erika.

„Toll!", ruft Willi. Aber jetzt muss er weiter untersuchen.

Willi zieht die Wattebäusche aus seinen Ohren und steckt die Stethoskopenden hinein. Den Trompetenteil vom Stethoskop drückt Willi auf Ermentrauds Bauchnabel.

Er hört nichts. Nur lautes Atmen.
„Du atmest", sagt Willi.
„Ist das schlimm?", fragt Ermentraud.
„Nicht sehr, glaube ich", sagt Willi. „Aber ich gebe dir auf jeden Fall ein Rezept dagegen. Und jetzt auf die Waage."
Die dicke Erika stellt die dicke Ermentraud auf die Waage.
Willi schiebt das Gewicht hin und her. Er denkt sich eine Zahl aus.

„Eine Tonne!", ruft Willi. „Das ist auf jeden Fall leichtes Übergewicht!"
„Eine Tonne!", schreit die dicke Frau entsetzt. „Da sehen Sie's, Herr Doktor, da sehen Sie's!"
Ermentraud klebt ihren Lolli an die weiße Praxiswand.
„Das solltest du nicht tun", sagt Willi.
Ermentraud nimmt den Lolli wieder ab. Mit dem Fuß schießt sie ihn unter den Schrank.
„Schon besser", sagt Willi.
„Nun, Herr Doktor?", fragt die dicke Erika gespannt.
Willi dreht sich wieder in seinem Drehstuhl. Denn Willi muss jetzt scharf nachdenken. Die Schnauze juckt ihn und Durst hat er auch. Er steht noch einmal auf, geht an den Wasserhahn und schlürft.

„Was ist das bloß, Herr Doktor! Alle Kleider werden ihr zu eng!"
„Ich hab Hunger, Mama!", ruft das dicke Mädchen.
Die dicke Frau fasst in ihre große Ledertasche. Sie breitet auf dem Praxistisch aus: drei Brötchen mit Schinken, Käse, Tomaten und Majonäse belegt. Vier Äpfel. Zwei halbe Liter Trinkkakao. Eine große Tafel Schokolade. Eine Packung Traubenzucker. Und eine große, schöne, gelbe Banane.
Die dicke Ermentraud hält ihren Rock auf. Mit einer Handbewegung fegt die dicke Erika Brötchen, Äpfel, Kakaotüten, die Schokolade, die Banane und den Traubenzucker hinein.
„Danke, Mama!", ruft die dicke Ermentraud und fängt an zu essen.
„Sie darf nicht so viel essen", sagt Willi.

„Ach, warum denn nicht?", schreit die dicke Frau.

„Weil sie sonst noch dicker wird", sagt Willi.

„Was?", schreit die dicke Frau. „Das hat was mit dem Essen zu tun? Warum sagt einem denn das keiner?"

Willi kratzt sich mit der rechten Vorderpfote am linken Ohr.

„*Ich* sage es dir!", sagt er.

„Gib her!", schreit die dicke Erika ihre dicke Tochter an. Sie reißt Ermentraud das Essen weg und baut es vor Willi auf.
Willi schnüffelt begeistert. Er hat sehr großen Hunger.
„Ich schreib dir noch ein Rezept", sagt Willi. Dann fällt ihm ein, dass er gar nicht schreiben kann.

„Ich bin neu hier, ich kann noch nicht schreiben", sagt er. Er schiebt der dicken Erika den Rezeptblock hin.
„Schreib!", fordert er sie auf. Er diktiert: „*Nicht* essen!"
„Nicht essen", schreibt die dicke Frau auf den Rezeptblock. Willi kann den Stempel nicht finden. Er drückt seine Pfote erst auf das Stempelkissen, dann aufs Rezept. Der Abdruck sieht sehr schön blau aus.
„Danke vielmals, Herr Doktor Klöbner!", schreit die dicke Frau. Sie packt ihre dicke Tochter am Arm und zerrt sie aus der Tür.
Willi ist sehr erleichtert. Das war ja ein einfacher Fall. Keine Impfung, keine Masern und kein Husten.
Willi tritt vor die Tür und hängt ein Schild mit den Worten „Frühstückspause" dran. Dann macht er sich über die

Schinken-Käse-Majonäse-Brötchen her, trinkt den Kakao, beißt in die Banane und lutscht den Traubenzucker.
Doktor Wilhelm Klöbner ist mit sich sehr zufrieden.
Eine halbe Stunde vergeht. Doktor Wilhelm Klöbner hat sich satt gegessen. Er blättert noch ein bisschen in der Ärztezeitung. Lesen müsste man können, denkt Willi. Er wird ein bisschen traurig. Hunde sind fürs Lesen nicht gemacht.
Draußen im Wartezimmer wird es laut.
Es klopft an der Tür.
Willi fegt die Essensreste flugs in die Schublade. „Herein!", ruft er. „Der Nächste bitte!"
„Guten Tag", sagt ein Mann. Er hält einen kleinen Jungen an der Hand. Der kleine Junge hat Angst. Willi erkennt das daran, dass der kleine Junge sich

zerren lässt. Er kann es auch daran erkennen, dass der kleine Junge immer auf den Boden guckt. Willi lässt sich auf alle viere nieder.
„He, du!", sagt er freundlich und stupst den Jungen an. Unter Willis Ärztekittel, dort, wo der Po ist, bewegt sich etwas hin und her. Verwundert starrt der Mann den lebenden Kittel an.

„Das ist mein Schwanz", erklärt Willi.
„Ach so!", sagt der Mann. Er wischt sich ein paar Schweißtropfen von der Stirn. Willi stellt sich vor. „Doktor Wilhelm Klöbner", sagt er. „Ich bin hier nur die Vertretung."
„Ach so", sagt der Mann noch einmal. Dann sagt er etwas sehr Seltsames. Er sagt nämlich lachend: „Wissen Sie, Doktor Klöbner, dass ich einen Moment lang dachte, Sie könnten ein Hund sein?"
„Ach", sagt jetzt Willi überrascht. Dann lacht er. „Ich *bin* nämlich ein Hund."
„Ja, dann!", sagt der Mann und lacht wieder. Gleich darauf guckt er bierernst. Und fängt noch mal zu lachen an.
„Soll ich Ihnen vielleicht einen Beruhigungstee geben?", fragt Willi. Der Mann macht ihm Sorgen.
„Nein, bitte", sagt der Mann.

Mit dieser Antwort kann Willi nichts anfangen.
Der kleine Junge kichert. Gut. Wer kichert, hat keine Angst mehr.
„Was fehlt dir denn?", fragt Doktor Wilhelm Klöbner.
Der Junge überlegt eine Weile. „Ich glaube, mir fehlt eine warme Winterhose", sagt er. „Die alte ist schon ganz durchgescheuert."

Der Mann nickt. „Ja, so ist das mit den Kindern. Und dann wachsen sie auch zu schnell."
Keiner sagt jetzt etwas. Es ist ganz still. Willi kann die Uhr ticken hören und den Regen draußen. Er weiß nicht, wie es jetzt weitergehen soll. Elvira hat immer ganz andere Patienten. Richtige. Mit richtigen Krankheiten. Keine, die zu dick sind oder durchgescheuerte und zu klein gewordene Winterhosen haben.
Doktor Wilhelm Klöbner macht noch einen Versuch. Dazu braucht er Elviras Brille. Er nimmt sie aus der Schublade und setzt sie sich auf die Schnauze. Er blinzelt. Auf dem rechten Brillenglas ist ein Majonäsetupfer vom Brötchen. Willi wischt den Majonäsetupfer weg. Das ganze Glas ist verschmiert. Jetzt kann er nur durch ein Brillenglas gucken.

„Bist du vielleicht irgendwie krank?", fragt Willi den Jungen.
Der Junge lacht. „Du siehst ja gar nichts, Hund!", sagt er.
„Das ist kein Hund, das ist Herr Doktor Klöbner, unser neuer Kinderarzt", sagt der Vater.
„Der ist lustig", sagt der Junge.
„Ich glaube, mein Sohn hat Masern", sagt der Vater.
„Wieso denn?", fragt Willi.
Der Mann sieht Willi erstaunt an. „Das möchte ich doch von *Ihnen* wissen!", ruft er.

Willi nimmt die Brille ab. Dann setzt er sie wieder auf. Das macht Elvira auch immer, wenn sie Zeit gewinnen will.
Masern, denkt Willi. Das ist doch das mit den roten Punkten.
„Soll ich ihn impfen?", fragt Willi.
„Nein", sagt der Mann. „Ich möchte nur wissen, ob der Junge Masern hat."
„Hast du Masern?", fragt Willi den Jungen. Der müsste es ja am besten wissen.
„Ich hätte gern Masern", sagt der Junge. „Die anderen in meiner Klasse haben auch Masern."
„Einen Moment bitte", sagt Willi. Er springt vom Drehstuhl herunter und geht hinaus. Er durchquert das Wartezimmer. Alle, die dort sitzen, werden ganz still und sehen ihm gespannt zu. Willi stellt sich auf die Hinterpfoten. Aus dem Regal

über dem Kindertisch holt er Gläser und Pinsel und mehrere Wasserfarbenkästen. Willi öffnet einen Wasserfarbenkasten nach dem andern.
„Verschmiert", brummt er immer wieder. Endlich findet er einen Wasserfarbenkasten, in dem das Rot noch schön rot leuchtet. Er klemmt sich den Kasten, die Pinsel und ein Glas

unter die Achseln. Es ist schwierig, auf den Hinterbeinen zu gehen.
Willi denkt: Ich sehe besser aus, wenn ich aufrecht gehe.
Er nickt nach links und nickt nach rechts, sehr freundlich. Elvira macht das auch immer so. Willi geht zurück ins Sprechzimmer, dann in den Behandlungsraum.
Der Junge hat sich ausgezogen und auf das Untersuchungsbett gelegt. Er hat eine Gänsehaut.
„Ich sehe ja gar keine roten Flecken", sagt der Vater.
Willi schüttelt den Kopf. „Natürlich nicht", sagt er. „*Noch* nicht!"
Sorgfältig taucht Willi einen Pinsel ins Wasser. Er rührt im Rot-Schälchen.
„Hihi, das kitzelt", ruft der Junge.
Willi betupft ihn mit roter Farbe. Zuerst

die Stirn. Dann die Backen. Die Nase.
Den Hals. Den Bauch und alles Übrige.
„So", sagt Willi stolz und „Sehr schön."
Er tritt einen Schritt zurück und
betrachtet sein Werk.
Der Vater staunt. „Wird das immer so
gemacht?", fragt er.
„Selbstverständlich", sagt Willi. „Wo
sollten denn sonst die roten Punkte
herkommen?"

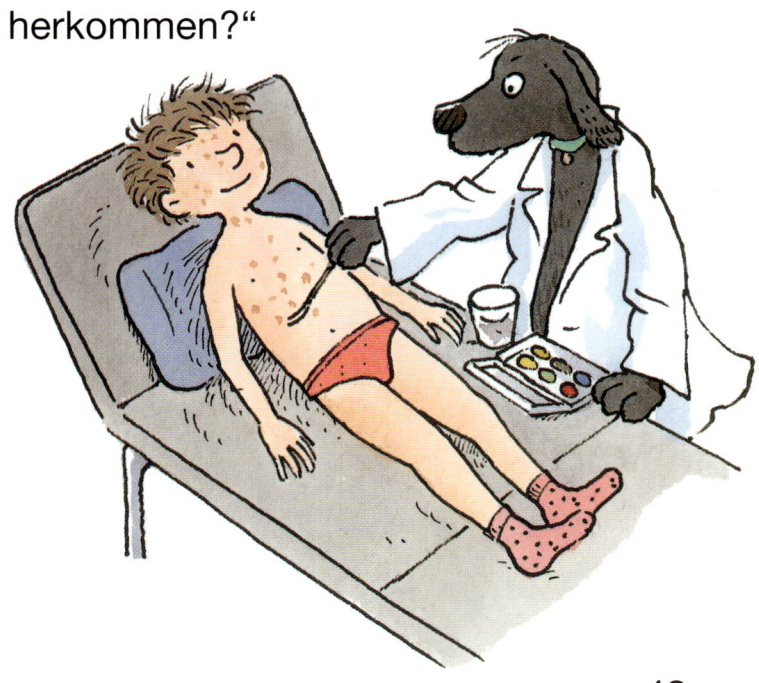

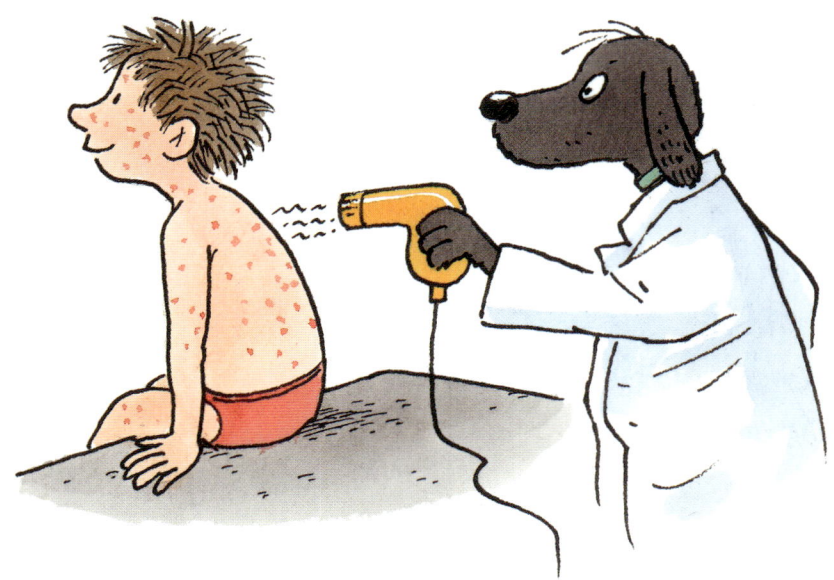

Der Vater sieht sehr zufrieden aus. Der Junge findet sich auch sehr schön.
Willi läuft ins Badezimmer und kommt mit Elviras Föhn zurück. Er föhnt die Masernflecken trocken. „So", sagt Willi. „Fertig."
„Wie lange muss das draufbleiben?", fragt der Vater, während der Junge sich wieder anzieht.
„Masern dauern ungefähr zwei Wochen",

sagt Willi. „Vorher bitte nicht waschen."
Er holt noch den Rezeptblock und bittet den Vater, das Wort „Seife" draufzuschreiben. Dann drückt er seinen Pfotenstempel auf das Rezept.
„Mit der Seife waschen Sie dann die Masern wieder ab", sagt Willi.
Der Vater ist sehr erleichtert. „So einfach ist das!", ruft er. „Wenn ich das vorher gewusst hätte, wären wir früher gekommen!"
„Man kann nie früh genug zum Arzt gehen", sagt Willi. Diesen Satz hat er von Elvira oft gehört.
„Ich danke Ihnen tausendmal", sagt der Mann. Er nimmt seinen Jungen an der Hand.
„Einmal genügt", sagt Willi gerührt.
Der masernkranke Junge und sein Vater sind weg. Willi stellt sich vor den

Spiegel. Es ist noch so viel rote Farbe da. Er nimmt den Pinsel und tupft auf den Spiegel viele kleine rote Punkte.
„Zwei Wochen Bettruhe!", sagt er streng zum Spiegel. „Und fünf Minuten für mich!"
Doktor Wilhelm Klöbner knabbert noch schnell ein Stückchen Hundekuchen. Dann hält er ein Fünf-Minuten-Nickerchen. Das hat er jetzt wirklich nötig.
„Hoffentlich hab ich mich nicht angesteckt", murmelt Willi noch, bevor ihm die Augen zufallen.
Das Schläfchen hat Doktor Wilhelm Klöbner sehr gut getan. Arzt zu sein ist anstrengend.
Willi schlüpft schnell ins Zimmer Nummer vier. Frau Doktor Elvira Klöbner liegt immer noch im Bett. Die Augen sind geschlossen. Sie atmet gleichmäßig. Willi

leckt ihr einmal quer über die Backe.
Weil er sie lieb hat.
„Lass das!", murmelt Elvira. Ihre Hand
rutscht aus dem Bett.
„Alles in Ordnung mit Karl-Heinz?", fragt
sie im Halbschlaf.
„Wau!", macht Willi. „Mach dir keine
Sorgen!"
Zufrieden dreht Elvira sich um. Sie schläft
weiter.
Doktor Wilhelm Klöbner ist beruhigt. Er
läuft zurück durch Zimmer Nummer zwei.

Er öffnet die Tür zu Zimmer Nummer eins, dem Wartezimmer.
„Der Nääääächste bitte!", sagt er.
Ein Mann in einer grünen Uniform und mit einer weißen Mütze steht vor Willi.
„Gehört Ihnen das Auto da draußen?", fragt er und deutet aus dem Wartezimmerfenster.
„Ja, wollen Sie es kaufen, Herr

Briefträger?", fragt Willi erfreut. Elvira wollte das alte Auto schon seit langem loswerden.

„Ich bin Polizist und kein Briefträger", sagt der Briefträger. Oder der Polizist.

„Macht nichts", meint Willi. „Auch Polizisten können Autos gebrauchen."

Der Polizist sieht Willi nicht sehr freundlich an.

„Sind Sie sicher, dass *Sie* der Halter dieses Wagens sind?"

Willi versteht nicht, was das bedeuten soll. Er hält das Auto doch gar nicht. Es steht wie immer draußen vor der Tür, gleich neben dem komischen Schild.

„Haben Sie eine richtige Kinderkrankheit?", fragt Willi jetzt, denn er ist in Eile. Hinter dem Briefträger-Polizisten steht ein alter Mann, der sehr ungeduldig aussieht.

„Nein", sagt der Briefträger-Polizist verwirrt.

„Dann nehmen Sie bitte Platz und warten Sie, bis Sie eine kriegen", sagt Willi, und der Briefträger-Polizist setzt sich gehorsam wieder hin und murmelt etwas von „Parkverbot" oder so ähnlich.

„Guten Tag", sagt der alte Mann, der

einen kleinen Jungen an der Hand führt.
„Sind Sie aber braun gebrannt, Frau Doktor!"
Der kleine Junge setzt sich auf den einen Stuhl. Der Opa nimmt den anderen.
„Wo tut es dir denn weh?", fragt Willi den kleinen Jungen. Er ist schon wieder hungrig. Sein Magen knurrt so laut, dass der Opa sich erstaunt umsieht. Er hat gedacht, jemand stünde hinter ihm.
„Er lacht nicht", sagt der Opa.
„Nein, ich lache einfach nicht", sagt der kleine Junge.
Willi bemerkt erst jetzt, dass der Junge sehr, sehr traurig aussieht.
„Warum bist du so traurig?", fragt Willi.
„Ich bin doch gar nicht traurig", sagt der kleine Junge traurig.
„Mhh", macht Willi. Das könnte ein schwerer Fall sein.

Willi geht um den Tisch herum und stürzt unvermittelt auf den Jungen zu. Er stupst ihn mit seiner Schnauze in den Bauch, leckt ihm mit der Zunge hinter dem Ohr und klopft ihm mit der Vorderpfote vorsichtig die Kniekehlen.
„Warum tust du das denn?", fragt der kleine Junge interessiert.
Willi geht beleidigt an seinen Platz zurück.
„Ich hab gedacht, es kitzelt vielleicht", sagt Willi.
„Es hat ja auch gekitzelt", sagt der Junge. „Aber deswegen muss ich noch lange nicht lachen."
Willi starrt den traurigkeitskranken Jungen besorgt an.
„Weißt du denn überhaupt, wie man richtig lacht?", fragt Willi den traurigen Jungen.

Der schüttelt den Kopf. „Nein", sagt er mit hängenden Mundwinkeln.
Willi zieht mit den Vorderpfoten den Stuhl ans Waschbecken und nimmt den Spiegel ab.
„Hier", sagt er zu dem traurigen Jungen. „Guck mal rein!"
Der Junge gehorcht und schaut traurig den traurigen Jungen im Spiegel an.

„Und jetzt", sagt Willi feierlich, „jetzt hebst du die Mundwinkel nach oben! So!" Willis rechte Pfote schiebt einen Jungenmundwinkel hoch. „Und den anderen! So!" Willis linke Pfote schiebt den zweiten Jungenmundwinkel hoch. Der Junge grinst.
„Das gefällt mir!", sagt der Junge und behält die Mundwinkel oben, als Willi loslässt.
„Er lacht, er lacht!", ruft der Opa. „Na endlich."
Der Opa bedankt sich überschwänglich bei Herrn Doktor Wilhelm Klöbner.
„Kinder lernen durch Beispiel!", sagt Willi belehrend.
Er begleitet den kleinen Jungen und den Opa zur Tür. Vom vielen Aufrechtgehen tun ihm die Hinterbeine weh. Willi schlägt der Länge nach hin.

Der Junge lacht los. Immer lauter und lauter. Er haut sich vor Vergnügen auf die Schenkel und kriegt fast einen Krampf im Gesicht. Und auch der Opa fängt zu lachen an. Er lacht, bis ihm die Tränen kommen, denn Willi sitzt verdattert auf seinem schwarzen Hundepo und starrt die beiden lachenden Gestalten ein bisschen verärgert an.

„Raus!", bellt er, aber nicht zu laut.
„Wir gehen ja schon!", prustet der Opa.
Er nimmt den lachenden Jungen auf den Arm.
„Was ist denn mit denen los?", fragt der Briefträger-Polizist.
Willi zuckt die Schultern. „Keine Ahnung", sagt er. „Haben Sie schon eine Krankheit?"
Der Polizist zieht einen Block aus seiner Uniformtasche. „Es handelt sich um das Parkverbot", sagt er.
„Parkverbot, Parkverbot!", ruft Willi. „Ich habe kein Parkverbot! Ich bin immer angeleint! Auch im Park."
Der Polizist hält das für einen Witz.
„Zahlen Sie die Strafe oder nicht?", fragt er geduldig.
„Hunde haben doch kein Geld!", ruft Willi empört.

„Aha!", sagt der Polizist. „Sie behaupten also, ein Hund zu sein! Seit wann gibt es Hunde, die sprechen können?"
„Da haben Sie Recht." Willi wedelt aufgeregt mit dem Schwanz. „Und Hunde haben ja auch keinen Führerschein und kein Auto!", sagt er dann.
„Was Sie nicht sagen!" Der Polizist lässt seinen Strafzettelblock sinken. „Was Sie nicht sagen!", wiederholt er überrascht.

Dann sagt er schnell: „Kann ich mal Ihre Steuermarke sehen?"

Willi verrenkt den Hals und deutet mit der linken Vorderpfote auf die Steuermarke.

„In Ordnung", brummt der Polizist. Er ist ziemlich durcheinander. Er muss sich setzen.

„Es geht Ihnen also doch nicht gut!", ruft Willi erfreut. „Sie sind krank! Sie sehen nicht gut aus, Herr Briefträger!"

Willi geht eilig ins Sprechzimmer und holt ein Fieberthermometer. „Messen!", sagt er sehr bestimmt. Er steckt dem Briefträger-Polizisten das Thermometer zwischen die Lippen. „Aber nicht aufessen!"

Der Briefträger-Polizist schüttelt den Kopf und sitzt erschrocken da. Er schielt auf das Thermometer. Willi zieht es wieder heraus.

„Na?", fragt der Polizist gespannt und ein bisschen ängstlich.

Willi schüttelt besorgt den Kopf.
Thermometerablesen ist sehr schwer.
„Gar nichts", sagt Willi also.
„Gar nichts?", fragt der Polizist entsetzt.
„Nein, leider", sagt Willi bedauernd. „Ich muss Ihnen mitteilen, dass Sie leider keine Temperatur haben. Nicht das

kleinste bisschen. Sie müssen dringend ein heißes Bad nehmen, damit Sie wieder Temperatur bekommen. Und dann sollten Sie in Urlaub fahren."
Der Polizist nickt freudig mit dem Kopf. „Das find ich auch", sagt er. „Es geht mir schon viel besser, danke. Können Sie mich krankschreiben?"
Willi diktiert dem Polizisten: „Der Polizist Karl Werner Otto wird wegen Urlaub krankgeschrieben. Er ist an einer Temperatur erkrankt, welche er leider nicht hat. Ein Vollbad, warm, wird empfohlen. Schöne Grüße von Willi. Äh – Doktor Wilhelm Klöbner."
Der Polizist faltet die Bescheinigung mit Begeisterung zusammen.
„Ich geh sofort ins nächste Reisebüro", sagt er. „Und dann fahr ich in den Süden."

„Viel Glück", ruft Willi ihm hinterher. „Und immer schön die Zähne putzen, zweimal täglich. Das ist gut gegen Bauchweh!"
„Danke, danke!", ruft der Polizist noch einmal.
Willi ist sehr, sehr müde.
Das Wartezimmer ist leer. Viele Patienten sind wieder nach Hause gegangen, weil es so lange gedauert hat.

„Auch gut", murmelt Willi. Er holt einen Schraubenzieher und montiert das Schild „Doktor Wilhelm Klöbner, Tierarzt für Kinder" wieder ab. Er versteckt es hinterm Garderobenschrank. Wer weiß, vielleicht kann er es eines Tages wieder gebrauchen.
Willi stellt sich auf die Hinterpfoten und zieht sich den Arztkittel über den Kopf.

Der muss in die Wäsche. Willi verliert grade sein Winterfell. Und Elvira kann schwarze Haare auf ihrem Kittel nicht leiden.

Willi hört ein Motorrad um die Ecke knattern. Es ist Karl-Heinz.

„Gut, dass du wieder da bist!", sagt Willi. Er gähnt. Er ist schrecklich müde. Willi trottet hinter Karl-Heinz ins Zimmer Nummer vier und rollt sich unter Elviras Bett zusammen. Mit halbem Ohr hört er noch, wie Karl-Heinz Elvira einen schmatzenden Kuss gibt.

„Willst du Kamillentee, mein Schatz?", fragt Karl-Heinz.

Willi schüttelt sich. Ist ja eklig. Kamillentee. Doktor Wilhelm Klöbner schläft auf der Stelle ein.

„War viel los heute?", fragt Frau Doktor Elvira Klöbner ihren Freund Karl-Heinz.

Der wird ein bisschen rot. Er sagt schnell: „Nein, nein, es ging so."
Karl-Heinz lügt nicht gern. Aber er tut es eben *doch*.
„Da bin ich ja beruhigt", sagt Elvira. Sie schlürft ihren Kamillentee. „Wo ist denn Willi?", fragt sie.
Karl-Heinz deutet unters Bett.
„Das ist der faulste Hund der Welt", sagt Elvira. Sie beugt sich aus dem Bett und streichelt den schlafenden Willi. Willi blinzelt noch einmal. Dann fängt er an zu schnarchen.